A GARAGEM

Felipe Haiut

A GARAGEM

Coleção
Drama-
turgia

Cobogó

SUMÁRIO

Prefácio, por Gunnar Borges   9

A GARAGEM   17

para Theodora Caiado Arcoverde, nossa baby onça

Prefácio

A palavra "nómada", etimologicamente, significa "uma reunião de pessoas que não têm habitação fixa e se deslocam de forma permanente de um lugar para outro". Por essa motivação de seguir sempre em fluxo na busca por novos lugares a se residir, oriundo de uma travessia em movimento constante, fora da ideia fixa de permanência em um lugar único e guiados pelo desejo de seguir rumo a um desconhecido, consiste o experimento artístico vagamundo: o projeto Nómada. No contato entre os artistas Catharina Caiado, Felipe Haiut, Gunnar Borges, Julia Stockler e Saulo Arcoverde, o projeto é realizado em diferentes locações a cada nova etapa, indo ao encontro de ambientes, espaços, cômodos, sobretudo fora do palco (caixa preta/caixa cênica) para se aventurar em processos de montagem teatral.

    Montar peças numa locação implica que a arquitetura, mais especificamente o local onde se passa a narrativa, não serve de apoio, fundo ou paisagem para a cena. O local é mais um agente para contar a história, seja ele um cômodo, casa, corredor, quina, jardim, cozinha, garagem. Qualquer espaço não será posto em plano de subserviência ou suporte para o jogo cênico, pelo contrário, ele é um fator determinante e fundamental para a construção da peça. Criar para uma locação, ou na lógica *site-specific*, demanda uma atenção direta sobre as condições próprias da arquitetura para que a cena surja a partir das dimensões reais do espaço, da temperatura, da luz, do fundo, da memória, do chão, dos objetos, das fissuras, dos afetos, a fim de que o ambiente seja ele próprio, sem grandes interferências e, sobretudo, sem aludir a outro ambiente possível que não aquele do qual ele já é, imanente e cru.

O desafio que Nómada se coloca é não ter o aparato que um teatro normalmente oferece, de maneira que o coletivo busque novos modos de construir suas histórias. Nesse desafio de capturar as singularidades de um local específico para se nutrir de ferramentas cênicas, novos formatos são convocados à equipe, uma vez que não se tem um grande suporte para um evento cênico clássico que um edifício teatral comporta. Como o entendimento de uma "estética do precário", proposto pela *performer* Eleonora Fabião, busca-se a extração da potência com o pouco, a fim de que se componha com as materialidades dadas do espaço. As instâncias, sejam elas de ordem mais concreta ou sensível, que estão no encontro do coletivo com a locação, servem para a realização de um evento vivo, isto é, a afirmação do teatro como arte que se dá no momento presente.

Corpo a corpo, como uma tecnologia promotora de corpos desejantes nos seus circuitos de afetos entre o espectador e o espetáculo como um todo, o que, consequentemente, acredito levar a criação a resultados menos previsíveis. Fora das convenções naturais de um teatro, a relação com o público é bem próxima e íntima, em que todos os detalhes são possíveis de serem vistos. Não há *a priori* uma hierarquia ou distanciamento do público com as atrizes e os atores. A peça, quando realizada em espaços não habituais, oferta uma proximidade viva entre os presentes. É possível perceber o escambo de respirações, temperatura, olhares, convocando o público para ser, mais que somente uma testemunha da história, um cocriador da peça. A relação cena e público construída para a dramaturgia nómada emerge a partir de duas imaginações: primeiro, uma plateia de cinema assistindo a um filme dentro da própria locação; segundo, uma visitante de museu sendo tragada para dentro do quadro que ela observa.

Essas proposições direcionaram o trabalho sobre a mímese cotidiana da vida e a ficção, a fim de construir cenas de teatro com a qualificação do gesto cinematográfico e da presença performativa. Assim como a população nómada rumava a lugares desconhecidos em busca da sobrevivência de seu povo, o coletivo em questão segue a itinerância errante para a sobrevivência do fazer teatral independente de pautas de teatro e editais. O contexto cultural da cidade do Rio de Janeiro está bem caótico e as produções que ocupam as grandes pautas não contemplam a investigação da linguagem em que o coletivo se debruça. Resolve-se, então, partir do deslocamento de um espaço a outro do fazer teatral com autonomia para que outros modos de fazer e pensar teatro venham a emergir.

A Garagem compõe a segunda peça do coletivo, apresentando ao público a história de Bruna, uma grávida que a caminho do seu chá de bebê é acometida por um evento trágico. A dramaturgia traga o fato de os atores Catharina Caiado e Saulo Arcoverde estarem gestando uma bebê. Eles formam um casal na vida real e na ficção, e esse foi o mote biográfico que pautou o enredo. A partir das experimentações na garagem da casa Z42, centro de arte contemporânea, esse fato foi misturado à atual situação da intervenção militar no Rio de Janeiro.

Para além da criação de uma peça que defenda uma posição política única, Felipe Haiut criou uma dramaturgia que inverte a lógica entre opressor e oprimido, para que as divergências ideológicas das personagens não estejam separadas, ou em vias de supremacia, mas se disponham ao encontro. Essa operação dramatúrgica eu chamo de M.E.X.U. – Modo Epistemológico Exuzíaco, conceito criado por mim no início do processo de ensaio da peça, que compreende Exu enquanto uma ferramenta de criação. A palavra Exu, em iorubá, significa "esfera", aquele que detém o começo e o fim de tudo. Quando está em movimento, a esfera faz uma rotação cíclica, de maneira que qualquer ponto seu tocará o chão e retornará ao cume, criando no movimento circular um ponto de origem que toca o chão, depois afasta-se dele, ascendendo ao topo, e, por fim, retornando ao seu lugar de origem. Nesse movimento circular da esfera, Exu nos traz a ideia de que tudo está em movimento, e que, por mais que um ponto se afaste do seu ponto de saída, em algum momento retornará para seu lugar primeiro, como o próprio movimento da esfera rolando sobre uma superfície.

É pela criação da desordem, baderna, de quem não entra para pacificar, mas já está previamente em "pé de guerra", que a dramaturgia neste livro se apropria de Exu. É justamente por espalhar a crise para que a casa caia que as passagens da história são empáticas à dinâmica de Exu. Nesta história, o opressor experimenta o lugar da vítima, e o grupo representante do oprimido, por um acidente, ocupa o lugar do opressor. Mais do que defender uma humanidade, a peça faz com que as personagens experimentem seu lugar avesso, sua posição política previamente concebida diante das suas relações de classe econômica. Mais do que afirmar sua posição enquanto autor, Haiut nos pergunta: E se você ocupasse o lugar daquele que você diverge e rejeita? Dentro desse questionamento, a peça não se faz a fim de assegurar um valor, um pensamento único, um ideal somente, pois assim não deixaria que a realidade existisse nas suas contradições nervais. Retirar a possibilidade de expor a constituição antagônica da questão da qual se deseja criar é retirar a reflexão que podemos ter sobre uma criação, ou seja, extinguir a dinâmica exuzíaca que contém. Entendemos que criar sem Exu, especificamente aqui, agindo sobre os processos textuais dramatúrgicos, é abolir o paradoxo, ou retirar a potência questionadora do pensamento, excluir a possibilidade de a falha ser potência, ou ainda aprisionar o voo de um devir ilimitado. Criar aliado a Exu, por outro lado, é adentrar qualquer local, documento, parte, imagem, instituição ou pessoa que componha as normas e os paradigmas a fim de bagunçá-los, para que se instaure a confusão e a dúvida.

E com essa operação de inverter os papéis de vilania e gestos heroicos, *A Garagem* contém nas suas palavras um convite para repensarmos o distanciamento dos nossos opostos e criar uma situação em que a reciprocidade e a alteridade possam coexistir, pois antes de defender um posicionamento político diante dos fatos e acusar outros lados, arrisco dizer que a grande crise se dá pela falta de coexistência, escuta e pertencimento.

A escrita de Haiut reconfigura o posicionamento das personagens como um convite a pensar numa realidade que recorta um dissenso, sem promoção de rixas isoladas. Pois assim, convoca os opostos a dialogar, mesmo que pareça impossível, atentando para o fato de que a reciprocidade é um fator que possibilita a alteridade ser potência. Acredito, assim, que a força deste texto está em entender a reciprocidade como encontro das divergências. Ou seja, pela reciprocidade é possível estabelecer relações que não estão imersas nos padrões hierárquicos, patamares verticais que definem a superioridade ou a hierarquia na relação entre pessoas. A reciprocidade é a capacidade de ver na diferença algo de si. Penso, então, em como criar pelo Modo Epistemológico Exuzíaco não só textos de teatro, mas também outras criações artísticas. A dramaturgia convoca a pensar um cuidado para que a criação não polarize os fatos, para que os materiais aos quais se vincula estejam por revelar suas oposições. Uma operação que trabalhe para que o paradoxo vibre enquanto tema, ferramenta, forma e criação, na direção de retirar a moral totalitária sobre um mesmo fato, de validar que não há verdades únicas, modelos políticos, vidas, corpos, conceitos que se sustentem separados de seus opostos. Desfazer o silenciamento que criamos sobre o avesso fundamental das coisas.

Por fim, na medida em que Exu é "conhecido pela sua capacidade de estrategista, sua inclinação para o lúdico, sua fidelidade à verdade, seu bom senso para julgar com justiça", convoco-nos a partir dele e deste texto à celebração do paradoxo. É pelo seu jeito aventureiro e travesso que Exu opera seu senso de justiça. E é pela diversão e confusão que, ao lado de Exu, Haiut junto aos Nómadas Hauit, junto aos Nómadas, cria uma tragédia com lapsos de humor, convocando a contradição para ser festa. Boa leitura!

Gunnar Borges

A GARAGEM

de **Felipe Haiut**

A Garagem estreou no dia 7 de julho de 2018, a convite da ocupação FOZ, na Galeria Z42, no Rio de Janeiro.

Direção
Gunnar Borges

Dramaturgia
Felipe Haiut

Elenco
Alexandre Mello, Catharina Caiado, Felipe Haiut, Jojo Rodrigues e Saulo Arcoverde

Iluminação
Bernardo Lorga

Cenografia
Rona Neves

Colaboração musical
Azul

Direção de produção
Monna Carneiro

Fotos
Bruno Mello, Lourenço Monte-mór, Nathalia Atayde e Thaís Grechi

Assessoria de imprensa
Ricardo Cabral

Curadoria Foz
João Paulo Quintella

Realização
Projeto Nómada

Projeto Nómada
Catharina Caiado, Felipe Haiut, Gunnar Borges, Julia Stockler e Saulo Arcoverde

PRÓLOGO

Curiosos observam, se perguntando se eles vão conseguir. Eu me pergunto se eles vão conseguir. Não, eles não vão. Desculpem o *spoiler*, mas esta não é uma história daqueles que chegaram lá. Na verdade, faltou muito para eles conseguirem ver o "lá", mesmo que de longe. No fundo a gente sabe que não vai dar pra nós. Já não deu. Pra ninguém. Mas a gente esquece todo o resto, o que ainda está por vir e se concentra no que mais importa: no propósito. "Qual é o seu propósito?" E a gente pensa nas estratégias para alcançá-lo. Como acertar o alvo? É preciso estar relaxado e ao mesmo tempo forte, com a certeza de onde se quer chegar. E qual é o alvo mesmo? O barulho de um avião rasga o céu. Respira. Um filho chora pedindo colo ao pai. Um pai. Não esquece de respirar. Uma mulher mastiga um chiclete. Ridícula. Mastiga de boca fechada. Um desvio de atenção, um atalho, um revés. A vida é vanguarda. Você vai do quarto à cozinha pra pegar um copo d'água e no caminho uma ligação muda tudo. Perde-se o rumo e a gente vai para onde tudo tende a ir: pro buraco. E tem sensação melhor no mundo do que estar no buraco? Um buraco é tão seguro quanto algo no mundo pode ser seguro. Mas com uma vantagem: a ausência do medo. A gente não tem mais nada a perder. A gente é rei do nosso buraco. Vive-se em paz aqui. Porque ele é nosso. E a gente mesmo cavou. Ou a gente deixou cavarem pra nós. Acho que eu tô emocionado. Você tem noção de como isso é importante? A gente fez. A gente conseguiu. A gente não chegou lá. É agora que a gente se fode?

ATO 1 – A GENTE NÃO SABE DE NADA

Cosme Velho. Sentados, ZÉ e MARCELO observam o anoitecer em silêncio. Ao fundo, uma garagem decorada com luzes e bolas de encher. O som da carne ardendo na churrasqueira se mistura ao som da natureza que sobrevive ao caos da cidade. Os dois entregam seus corpos num ato de relaxamento na cadeira. Com os lábios encostados, ZÉ expira o ar de uma vez só.

MARCELO: É... tá difícil.

ZÉ concorda com a cabeça, pensativo.

ZÉ: Nossa. Tá. Tenho sentido um cansaço.

MARCELO: É? Tá dormindo pouco?

ZÉ: Não. Umas dez, 12 horas por dia. Eu tenho dormido muito pra compensar essa realidade que a gente vive.

MARCELO: Acho que eu não durmo umas dez, 12 horas assim desde a adolescência. Mas tá tudo bem?

ZÉ: Tudo ótimo. Eu tenho induzido o meu sono.

MARCELO: Remédio?

ZÉ: Deus me livre! De jeito nenhum. Com a mente mesmo. Eu medito antes de dormir. E quando eu fecho os olhos, pratico sonhos lúcidos.

MARCELO: Olha só.

ZÉ: É. Bem bacana. E bem simples também. Sabe aquele momento da noite que você vai trocar de posição, meio que acorda e fica com medo de perder o sono? Então, ali é o pulo do gato. Eu percebo que estou no sonho, eu ganho consciência de que estou em outra realidade e aí começo a controlar o que eu faço dentro do sonho. Eu dou uma quebrada na Matrix.

MARCELO: Caramba. Mas então você não descansa.

ZÉ: Sim, por isso eu tô assim. Tô muito cansado. Tô trabalhando muito do outro lado. Eu nem te contei, outro dia eu fui parar no útero da Bruna.

MARCELO: Ah, é?

ZÉ: Troquei o maior papo com a bebê. Que não era bem a bebê ainda. Mas eu vi tudo: os dedos, as unhas, as sobrancelhas, o cabelo. A bebê é muito cabeluda. Ali eu entendi que a barriga é tipo um laboratório. Tem o feto, que é a parte humana da coisa, mas tem uma fenda que é o grande segredo da parada. Imagina um túnel. É por meio dessa fenda que a espiritualidade acessa a barriga e trabalha. Aí, eu pedi pra eles, com o maior respeito, se eu podia ver eles trabalhando... só que do outro lado... e eles deixaram.

MARCELO: "Eles" quem?

ZÉ: Não sei dizer. Era uma mistura de *Star Trek* com *Nosso lar*. Não consegui identificar direito.

MARCELO: Que viagem.

ZÉ: Sim. Foi muito forte.

MARCELO: Imagino.

ZÉ: Foi foda.

Silêncio.

ZÉ: Já me apresentei como padrinho.

MARCELO: Tá jogando baixo, hein, Zé?

ZÉ: Porra, Marcelo! Perder pro Claudinho é foda. É dinheiro? Só pode ser! Eu vou ter grana também, você vai ver. O bloco está indo pra São Paulo. Eu vou ficar rico agora.

MARCELO: Vai ficar rico com bloco de carnaval em São Paulo?

ZÉ: Vou.

MARCELO: Sei. Não é por conta do dinheiro.

ZÉ: É por quê, então?

MARCELO: A escolha foi da Bruna. Eu não me meti nessa questão. Eles são amigos há muito tempo/

ZÉ: Mais que a gente?

MARCELO: Não sei dizer se mais que a gente.

ZÉ: Quem te salvou em São Thomé das Letras quando você foi picado por insetos?

MARCELO: Pelo amor de Deus, Zé.

ZÉ: Quem te apresentou ao carnaval?

MARCELO: Zé/

ZÉ: Quem te salvou daqueles amigos coxas do Baixo Gávea e te apresentou um mundo novo?

MARCELO: Não tô acreditando.

ZÉ: Agora a gente vê a gratidão.

MARCELO: Você tá apelando.

ZÉ: Tô me abrindo pra você. Se vocês morrerem – Deus me livre –, mas se acontecer qualquer coisa com vocês, vocês realmente vão querer que a pequena Tieta/

MARCELO: Ela não vai se chamar Tieta.

ZÉ: Depois a gente fala sobre isso. Mas você vai querer que a bebê seja criada pelo Claudinho? Mesmo?

MARCELO: Convence a Bruna. Por mim, você já é o padrinho.

ZÉ: Beleza. Por que ela não pira na minha?

MARCELO: Que vaidoso!

ZÉ: Tá vendo? Você tá rindo. Eu te conheço, tá desconversando. Ela não gosta de mim.

MARCELO: Óbvio que ela gosta de você.

ZÉ: Eu não sinto afeto da parte dela.

MARCELO: Seja maneiro com ela. E cuidadoso. Só isso.

ZÉ: Beleza.

MARCELO: E para de invadir o útero dela sem permissão. Eu não vi você mexer nessa carne ainda.

ZÉ: Vai querer comer?

MARCELO: Eu, não.

ZÉ: Tem alguém com água na boca aí!

ZÉ ameaça MARCELO com a carne.

MARCELO: Deixa de ser idiota, Zé. Tá pingando gordura. Sai!

ZÉ: Se não vai comer, não se mete.

MARCELO olha o celular levemente preocupado.

ZÉ: Está demorando, né?

MARCELO: É.

ZÉ: Vocês decidiram se vão mesmo para Portugal?

MARCELO: Acho que sim. Vamos esperar a bebê completar uns oito meses. Não tem por que ficar perdendo tempo aqui.

ZÉ: É... Você tem razão.

MARCELO se mantém mergulhado no celular.

ZÉ: Que foi? Alguma notícia da intervenção na Maré?

MARCELO: Não. Ainda não. Por enquanto, tudo tranquilo.

ZÉ: Eu vi que vocês apareceram no programa do Luciano Huck.

MARCELO: Você é muito debochado.

ZÉ: Eu, não. Achei maneiro. Importante.

MARCELO: Vai, fala. Pode me chamar de vendido.

ZÉ: Que isso. Achei maneiro mesmo. Parabéns. [*silêncio*] É que Luciano Huck é foda.

MARCELO: É foda. [*silêncio*] Mas não sou eu quem dá mole pro irmão dele no Instagram.

ZÉ: Filho da puta!

MARCELO olha novamente o celular.

ZÉ: Larga essa merda, cara.

MARCELO: A Bruna que tá demorando e o celular tá fora de área.

Um silêncio levemente tenso.

MARCELO: Eu devia ter ido com ela.

ZÉ: Ela pediu pra você ficar.

MARCELO: Uma bosta não dirigir nessas horas.

ZÉ: Põe uma música aí. Tá tudo certo. [*silêncio*] Você viu que tem um coronel do Exército que vai se candidatar à presidente da República?

MARCELO não responde, continua a mexer no celular e não sai da cadeira.

ZÉ: Pelo amor de Deus, fica presente. Põe uma música, vai!

MARCELO: Perdão.

MARCELO coloca a música "In a sentimental mood", de Duke Ellington e John Coltrane.

ZÉ: Olha só.

MARCELO: Que foi?

ZÉ: Você acaba de gourmetizar o seu chá de bebê.

MARCELO coloca "A dois passos do paraíso", do grupo Blitz.

ZÉ: Fez seu nome, DJ.

MARCELO: Bem cafoninha. Do jeito que você gosta.

ZÉ: Não vai pra Portugal, não. Vamos comprar um terreno no Sana, plantar orgânicos e criar a bebê no mato. A gente faz uma comunidade lá..., não?

BRUNA chega de carro com uma música alta no som e buzina ansiosamente.

ATO 1.5 – A VIDA TEM DESSAS COISAS

ZÉ: Graças a Deus! Caramba! Você demorou muito!

MARCELO: Vai com calma, Zé!

BRUNA: [*da janela do carro, aos gritos*] Amor, por que essa porta tá trancada?

MARCELO: Não sei, amor.

ZÉ: Fui eu. Desculpa. Achei perigoso ficar com a porta aberta. Rio de Janeiro, não pode dar bobeira. Vai que alguém entra aqui e, sei lá, sequestra a gente.

ZÉ se enrola para abrir o portão.

BRUNA: Puxa com força!

ZÉ: Tá emperrado.

BRUNA: Ajuda o Zé aqui, pelamor de Deus, Marcelo!

MARCELO vai em direção ao portão, tira o cadeado. Os dois abrem o portão. BRUNA acelera o carro e freia bruscamente. No banco de trás há muitas plantas. O volume da música no carro invade o ambiente. ZÉ corre em direção a BRUNA. BRUNA fecha a janela.

ZÉ: Quero ver a barriga. Nossa, está enorme! Como foi isso? Será que foi o eclipse? Duas semanas fazem toda a diferença. Viu, Marcelo?

BRUNA se mantém inerte ao volante, catatônica. Ela não sai do carro. MARCELO bate na janela e tenta se comunicar com ela através do vidro, mas o diálogo está confuso. Ele gesticula para que ela saia, ela balbucia coisas quaisquer. Ele não entende.

MARCELO: Abaixa o som!

Ela bate diversas vezes na janela do carro e apoia a cabeça na buzina, emitindo um som alto. BRUNA retoma o ar e, pela insistência impaciente de MARCELO, desliga o som e decide sair do carro pelo lado do passageiro.

MARCELO: Fiquei preocupado. Teu telefone tá dando desligado.

BRUNA sai do carro agitada. Podemos ver que ela está grávida, por volta de sete meses.

BRUNA: Chegou o gelo?

MARCELO: Ainda não.

BRUNA: Ué. E você não ligou pra ver o que aconteceu?

MARCELO: Você tá me ouvindo?

BRUNA: Tô, amor. Tá tudo bem?

MARCELO: Eu que te pergunto.

BRUNA: Tá tudo ótimo.

BRUNA desvia o olhar de MARCELO. ZÉ mexe na carne na churrasqueira.

BRUNA: O churrasco tá com cheiro bom.

ZÉ: É corte de ouro! Quer um pedaço? Tá com fome?

BRUNA: Não, tô enjoada.

BRUNA sente uma tontura e se apoia em MARCELO.

MARCELO: Calma. Respira.

BRUNA: Ai.

MARCELO: Respira. O que você tá sentindo?

BRUNA: Eu preciso de... Tá tudo meio rodando.

ZÉ: Vou pegar uma água.

BRUNA: Põe um pouco de açúcar na água.

MARCELO: Que foi? Eu falei que não é pra você dirigir, mas você é teimosa.

BRUNA: Tô esquisita.

MARCELO: Quer um Vonau?

BRUNA fita o chão, fixamente, respirando fundo.

BRUNA: Não. Deve passar.

MARCELO: Mas o que você tá sentindo?

BRUNA: Um monte de coisa. Eu tô com a sensação que eu tô num labirinto e eu tô só desviando. Eu perdi um pouco o vínculo com o objetivo de achar a saída. Eu só tô, sei lá, andando no labirinto. Isso é assustador.

MARCELO: Sei... Quer que eu ligue pro dr. Nelson?

BRUNA: Não, não liga pra ninguém! Eu não arrumei nada ainda.

ZÉ retorna com um copo cheio na mão.

ZÉ: Fiz um soro.

MARCELO: Bebe um pouco.

BRUNA: Você encheu os balões, amor?

MARCELO: Enchi. Tá tudo certo.

BRUNA dá um gole e cospe a água longe.

BRUNA: Tem sal aqui.

ZÉ: É um soro caseiro. Será que eu fiz errado?

MARCELO: Traz água, Zé. Não inventa.

ZÉ sai correndo para buscar água.

BRUNA: Eu vou precisar da sua ajuda com as plantas.

MARCELO: Claro que eu ajudo.

BRUNA: Eu preciso que você olhe pra mim.

MARCELO: Que nervosismo é esse, amor?

BRUNA: Me dá sua mão.

MARCELO: Você tá gelada.

BRUNA: Tá tudo errado. Eu não consegui pegar a torta/

MARCELO: Tudo bem/

BRUNA: Não consegui pegar os docinhos. Eu não consegui fazer nada. Fiquei rodando aquela Floresta da Tijuca. Não era pra ser assim/

MARCELO: Calma/

BRUNA: Tem um monte de criança morrendo de fome agora no mundo. Tem mãe que não tem dinheiro pra comprar comida. Que mundo é esse, meu Deus? A bebê não para de chutar.

MARCELO: Que bom! Eu estou aqui com você. Eu vou cuidar/

BRUNA: Eu não quero que essa criança nasça nesse mundo. Eu quero que ela tenha orgulho do que eu fiz.

MARCELO: E ela vai ter. Muito.

BRUNA: Você vai cuidar da gente?

MARCELO: Lógico.

BRUNA: Independente do que acontecer?

ZÉ retorna com um copo d'água.

ZÉ: Geladinha.

BRUNA: Obrigada, Zé.

ZÉ e MARCELO estranham BRUNA. Eles se entreolham silenciosamente. ZÉ sinaliza para MARCELO abrir espaço e deixar BRUNA respirar um pouco. ZÉ e MARCELO se aproximam.

MARCELO: Avisa que ela chegou.

ZÉ: Vou avisar que você chegou, hein.

ZÉ vai em direção à traseira do carro com o celular na mão. BRUNA prontamente se levanta, o segue e entra novamente no veículo.

ZÉ: Gente, Bruna já está na área. Mas, seguinte, eu preciso de um favor. Sequelei do *beck*. Se vocês puderem trazer, eu agradeço. De preferência aquele haxixe marroquino. Se não tiver, pode ser qualquer um. Até prensado serve. O importante é que alguém traga. Essa mensagem é pra você inclusive, Antônio. Tá na hora de fortalecer os amigos.

BRUNA sai do carro. ZÉ repara na quantidade de plantas no banco de trás. Encostados no capô do carro, MARCELO e BRUNA se encaram.

MARCELO: Tá melhor?

ZÉ: Uau. Lindas. Essa casa vai virar uma extensão da Mata Atlântica.

MARCELO acaricia o rosto de BRUNA e é interrompido por ela quando tenta ajeitar sua franja.

BRUNA: Deixa aí, Zé.

MARCELO: Que foi?

ZÉ: Vai virar reserva florestal protegida pelo Ibama.

BRUNA: Nada.

MARCELO tenta mexer de novo e BRUNA desvia o rosto.

BRUNA: Vem pra cá, Zé.
MARCELO: O que tem na testa?
BRUNA: Me deixa, Marcelo.
ZÉ: [*olha pela janela do carro*] Isso é um chifre-de--veado?
BRUNA: Não!

MARCELO afasta a franja e percebe um machucado na testa de BRUNA.

MARCELO: Amor?
BRUNA: Não mexe.
ZÉ: É, sim, Bruna.
MARCELO: Como foi isso?
ZÉ: Olha! Uma árvore-da-felicidade!
BRUNA: Não!
MARCELO: Olha pra mim!
BRUNA: Me deixa, Marcelo!
ZÉ: Claro que é.
BRUNA: [*mais agressiva*] Não!

ZÉ: É, sim. Só que você tem que ganhar para dar sorte/

ZÉ abre a porta do banco traseiro do carro.

BRUNA: Não mexe!

Subitamente, um braço cai para fora do carro e fica pendurado. ZÉ se mantém atônito, sem reação, olhando para o corpo que surge do meio das plantas. Tempo. ZÉ subitamente vomita. BRUNA e MARCELO se encaram.

BRUNA: Amor, eu só me defendi. Eu só me defendi.

O som do vômito de ZÉ invade o ambiente. É um expurgo. MARCELO vai até ZÉ.

MARCELO: O que houve? Tá passando mal?

ZÉ: Marcelo... tem um... homem morto no carro.

Os três observam o braço que escapa para fora do carro e encosta os dedos no chão.

MARCELO: Que isso?

BRUNA não responde.

MARCELO: Fala alguma coisa.

Silêncio.

MARCELO: Bruna, o que aconteceu? Me fala.

BRUNA: Não era pra ser assim. Eu ia te contar.

MARCELO: E então?

BRUNA: Calma.

MARCELO: Eu tô calmo.

BRUNA: Não está, não. Você tá me deixando nervosa.

MARCELO: Me fala.

BRUNA: A gente tem mais de vinte pessoas pra chegar, você está gritando comigo e não dá pra receber as pessoas assim.

MARCELO: Pelo amor de Deus, o que está acontecendo?

BRUNA: Marcelo, estou tentando ser racional aqui, já que você está fora de si neste momento.

MARCELO: Quê?!

BRUNA: Fala baixo.

MARCELO: Zé, desmarca.

BRUNA: Desmarca como? As pessoas já tão chegando.

ZÉ não responde.

MARCELO: Zé, eu preciso de você agora. Tá bem?

ZÉ: Tá bem.

MARCELO: Avisa no grupo que não é pra ninguém vir.

ZÉ mexe trêmulo no celular. MARCELO se aproxima do carro, analisa o tamanho da merda. Ele mexe nas plantas e vê o rosto do homem.

MARCELO: Meu Deus! [*para BRUNA*] Eu preciso que você confie em mim.

BRUNA: Sim.

ZÉ: O que eu falo?

MARCELO: Inventa qualquer coisa. [*para BRUNA, com toda a calma do mundo*] Quem é esse homem?

BRUNA: [*com toda a clareza*] Eu não sei.

MARCELO: Como ele foi parar dentro do seu carro?

BRUNA: Ele ia me atacar. Eu achei que ele fosse me atacar. Ele tava de capuz, veio com tudo, foi muito agressivo.

MARCELO: Onde?

BRUNA: Tava deserto. Eu tenho medo desta cidade. Eu me senti ameaçada. Quando eu atropelei ele.

MARCELO: Você atropelou ele?

BRUNA: Ele se jogou na frente do carro, amor.

MARCELO: E você ligou pro Samu? Ou pra polícia?

BRUNA: Eu tentei, amor. Eu juro. Mas o celular não pega na Vista Chinesa.

MARCELO: E você decidiu pegar ele e colocar no seu carro?

BRUNA: O que eu ia fazer, Marcelo? Abandonar ele lá?

MARCELO: E por que você não levou ele direto pro hospital?

BRUNA: Eu ia levar, mas ele morreu no meio do caminho. Ele morreu no meu carro.

MARCELO: Então, você escondeu ele debaixo de um monte de plantas, trouxe pra casa, onde ia acontecer o nosso chá de bebê. Você ia ficar quieta, como se nada tivesse acontecido?

BRUNA: Eu entrei em pânico. Olha como eu estou. Você acha que é fácil passar por isso nesse momento da minha vida? Eu vim pra casa porque eu não soube o que fazer. E eu não sei ainda. E eu achei que eu fosse ter algum suporte aqui. Mas não. Eu preciso que você esteja ao meu lado.

MARCELO: Isso não faz sentido.

BRUNA: Você tem que acreditar em mim.

ZÉ: A gente tem que chamar a polícia.

BRUNA: Sim, vamos fazer isso.

ZÉ: [*pega o celular*] O que eu falo?

BRUNA: Que eu sou culpada. Que eu atropelei um homem.

BRUNA chora.

BRUNA: Desculpa, filha. Desculpa.

ZÉ: Bruna, você precisa manter a calma.

BRUNA: Eu não vou poder te ver crescer. Quem vai amamentar esta criança?

ZÉ: Que isso! Não é assim, Bruna. As coisas têm todo um processo. Tem o seu lado da história. Foi um acidente.

BRUNA: Ele me atacou.

MARCELO: Como ele te atacou?

BRUNA: Ele é enorme, Marcelo. Você viu?

ZÉ: Foi legítima defesa, então?

BRUNA: Não interessa. O que importa é que eu atropelei e depois fugi. Não tem discussão. Você acha que eles vão acreditar no que eu disser? Nem meu marido acredita em mim. Eu sou uma mulher horrível. Acabou.

ZÉ: Não tem como você saber/

BRUNA: Eu vou ser capa do *Meia Hora*.

ZÉ: Você chegou a ver os documentos dele?

BRUNA: Não.

MARCELO mexe no corpo e acha uma carteira.

MARCELO: Sebastião de Souza Nunes. Nascido em 1963, em Brasília.

MARCELO acha a foto 3x4 de uma criança, uma menina, escrito "ISABEL" atrás.

MARCELO: Isabel. Um bilhete. "Doutor, obrigado. Att. Jacques".

BRUNA: Ótimo. Além de matar o pai da pequena Isabel, matei um médico. Um homem bom.

ZÉ: Será que já deram falta dele?

Um celular toca no carro.

ZÉ: Quem é?

MARCELO desliga o celular.

MARCELO: Não interessa. Eu preciso pensar.

ZÉ: Pensar em quê?

MARCELO: No que a gente vai fazer. Vamos pensar, todo mundo junto.

ZÉ: A gente vai ligar pra polícia. Não vai?

MARCELO: Sim. Claro. Mas eu preciso entender o que está acontecendo.

ZÉ: É que o tempo tá passando.

MARCELO: Eu sei disso. Mas é a vida de uma criança que está em jogo aqui.

ZÉ: Sim, a de um homem também e a minha/

MARCELO: A sua? Zé, se você não for ajudar, pode ir. Ninguém vai saber que você esteve aqui. Não precisa se envolver.

ZÉ: Como não? Todo mundo sabe que eu tô aqui. Eu não posso ir embora agora. Eu já estou envolvido, merda.

MARCELO: E qual solução que você propõe?

ZÉ: Eu não sei. Mas quanto mais tempo demorar pra ligar para a polícia, mais cúmplice eu me torno.

Eles escutam um gemido de esforço. É BRUNA puxando o corpo para fora do carro.

MARCELO: Que isso?

BRUNA: Sai. Eu me meti nessa sozinha, eu vou me virar sozinha.

BRUNA continua a puxar o corpo de forma enrolada. Ela urra, fazendo esforço com a sua enorme barriga.

MARCELO: Para!

BRUNA: Sai, Marcelo!

MARCELO: Chega!

MARCELO controla BRUNA.

MARCELO: Me ajuda aqui, Zé.

ZÉ observa de longe.

MARCELO: Zé? A cabeça dele tá quase batendo no chão. Eu preciso da sua ajuda.

BRUNA: Zé, tá tudo bem? Você tá com o lábio branco.

ZÉ: É que eu sou fraco pra essas coisas. Eu vomitei há pouco tempo.

BRUNA: Eu sei... caiu um pouco nele, inclusive. Você quer um Vonau?

ZÉ: Não. Obrigado. Foi a carne que eu comi. Uma pena. Era uma carne boa, corte de ouro. É só eu não olhar.

MARCELO: Você pode vir me ajudar sem olhar?

BRUNA: Deixa ele, Marcelo. No tempo dele. Quer que eu te busque aí?

ZÉ: Pode ser.

BRUNA dá a mão a ZÉ e caminha com ele até o carro.

BRUNA: Que bom que você está aqui. Eu estou muito feliz que você é o padrinho da minha filha.

ZÉ mantém o rosto virado, com nojo de tocar no corpo.

ZÉ: Agora eu entendo você ser vegetariano. Fez todo o sentido.

MARCELO: Obrigado.

ZÉ: A carne... Acho que nunca mais vou conseguir comer churrasco.

Eles carregam o corpo.

ZÉ: Abre a porta da garagem, Bruna.

MARCELO: Vai rápido, amor.

ZÉ: Acho que eu vou vomitar de novo.

MARCELO: Segura a onda.

ZÉ abandona o corpo.

ZÉ: [*em desespero*] Eu vi a cara dele! Ele tem a cara boa!

MARCELO lança uma cadeira longe, num ataque de raiva.

MARCELO: Porra!

BRUNA mantém o olhar fixo no corpo.

BRUNA: E então?

MARCELO: Eu queria poder falar com alguém para me orientar melhor.

ZÉ: Sei.

MARCELO: Porque passou um tempo já. Ele tá todo mexido. Você deslocou ele quilômetros do local do acidente.

ZÉ: Eu tenho um contato que eu posso ligar.

MARCELO: Quem?

ZÉ: O meu contato.

MARCELO: Você quer ligar pro seu traficante?

ZÉ: Ele não é qualquer traficante. Ele é das internas.

MARCELO: Tá maluco, Zé? Tu quer que eu tire dúvidas com um miliciano sobre ocultação de cadáver?

ZÉ: É meio que a área dele. Ele é de confiança.

MARCELO: Não tô acreditando.

ZÉ: E aí?

MARCELO: Liga, vai.

ZÉ fala ao celular.

ZÉ: Acácio? É o Zé da São Salvador. Tudo tranquilo? Então, não exatamente. Tô com um pepino aqui, vê se você pode me dar uma luz. Eu me envolvi num acidente. Não, eu estou bem. A vítima que não. Sim. Atropelamento. Não. Eu abandonei o local. Não, eu trouxe o corpo comigo. Pra casa.

ZÉ fica em silêncio com o telefone no ouvido. BRUNA e MARCELO o observam.

ZÉ: [*para BRUNA e MARCELO*] Ele tá rindo. [*com ACÁCIO ao telefone*] Acácio, e aí? Sei. Homicídio? E se a gente pegar o corpo e largar no lugar de novo. Não? Tá. Não. Não vou querer agora, não. Valeu. Eu imagino que esteja boa, mas não. Pode deixar. Valeu.

BRUNA: E então?

ZÉ: Fodeu.

MARCELO: O que ele disse?

ZÉ: Calma que eu não entendi direito. Ele disse alguma coisa de homicídio culposo. Que deixou de ser delito de trânsito, porque nesse caso tem um agravante, que é a omissão de socorro e, como o corpo está aqui com a gente, é ocultação de cadáver. O fato é: quem vai acreditar que a Bruna atropelou sem querer, se o corpo está numa casa com mais duas pessoas? Ninguém vai! Ninguém atropela sem querer e traz pra casa. As digitais dele estão no carro, estão na casa. As nossas digitais estão nele. Ele disse que vai dar trabalho pra tirar os rastros e devolver pro local. A gente vai responder a um processo por homicídio. Bruna, me responde uma coisa: alguém viu?

BRUNA: Não.

ZÉ: Tem certeza?

BRUNA: Tenho.

MARCELO: É isso. Não tem outro jeito. Vamos esconder o corpo.

Eles colocam o corpo dentro da garagem e fecham a porta.

BRUNA: Vamos assar ele.

MARCELO: O quê?

BRUNA: Zé é churrasqueiro. Faz isso bem.

MARCELO: Amor, isso não faz/

ZÉ: Ela tem razão. A gente tem que se desfazer desse corpo. A gente corta ele em pedaços e assa na churrasqueira.

BRUNA: Corta com o quê?

MARCELO: Pelo amor de Deus, não pira. Vocês tão loucos.

ZÉ: Você que não entendeu. Todos nós vamos responder a processo. A gente é cúmplice de um assassinato. Quem você acha que vai criar essa criança? Vocês não vão ser. Nem eu. É isso mesmo, Marcelo. Sua filha vai ser criada pelo Claudinho.

BRUNA: O que tem o Claudinho?

MARCELO: E como se faz isso? Tem sangue no corpo ainda, tem os ossos, que não queimam fácil...

ZÉ: A gente joga no Google e descobre.

MARCELO: Que ideia merda, Zé.

ZÉ: Isso é um porão? E se a gente enterrar ele lá?

MARCELO: Cala a boca.

BRUNA: Então, gente, eu tô cansada. A gente precisa conversar.

ZÉ: Sim.

BRUNA: Tô pensando em parar.

ZÉ: Parar como?

BRUNA: Essa história deu pra mim. Eu não quero mais continuar.

Uma voz surge vinda do portão. É JULIA que segura uma travessa com maionese.

JULIA: *Hello, hello!* Gente, abre aqui.

MARCELO: [*sussurra*] Puta que pariu. Você não cancelou o evento?

ZÉ: [*responde no mesmo tom*] Claro que cancelei.

MARCELO: E o que ela tá fazendo aqui?

ZÉ: Não sei, porra.

MARCELO: O que você falou?

ZÉ: Que a Bruna tava passando mal.

MARCELO: Não, porra. Aí que ela vem mesmo.

ZÉ: Como assim?

MARCELO: Quer mulher mais feminista que a Julia?

BRUNA: Ela sente necessidade de estar junto quando outra mulher precisa. Faz silêncio que ela vai embora.

JULIA: [*grita*] Eu sei que vocês tão aí. A carne tá assando. Tá com cheiro bom! Abre pra mim.

ZÉ: Fodeu. Vamos ficar em silêncio.

BRUNA: Vai lá, Zé.

ZÉ: Eu?

BRUNA: Você quer que ela faça parte disso?

ZÉ: Não.

JULIA: *I love you, baby! And if it´s quite all right, I need you, baby!*

Achando graça, JULIA *ri alto de si própria.*

MARCELO: Ela está cantando do lado de fora!

BRUNA: Dispensa ela. Diz que eu não tô.

MARCELO: Os vizinhos!

ZÉ: Calma! Não me coloca pressão! Eu não funciono sob pressão!

ZÉ toma coragem.

JULIA: Gente!

ZÉ: Pronto, ela vai embora. Vamos ficar quietos.

JULIA: Eu vou contar até três. Se vocês não abrirem, eu vou fazer um escândalo!

ZÉ abre prontamente a porta da garagem.

ZÉ: Julia! Você não recebeu a mensagem?

JULIA: Que mensagem?

ZÉ: A Bruna tá passando muito mal.

MARCELO: Idiota.

JULIA: Mentira!

ZÉ: É.

JULIA: Eu ajudo ela.

ZÉ: Não precisa. A situação não é boa.

JULIA: Imagina, eu sou mulher. Eu vou entender bem o que ela tá passando.

ZÉ: Ela saiu.

JULIA: Saiu?

ZÉ: Tipo isso. Melhor você ir. Ela não quer ver ninguém.

JULIA: Que isso? Vocês não vão abrir mesmo a porta? Aqui a maionese que eu fiquei de trazer. Eu trouxe o *beck* que você pediu. Ah, fala sério. Eu não vou embora.

BRUNA surge.

BRUNA: Julia.

JULIA: Amor! Como você tá?

BRUNA: Eu não tô passando bem.

JULIA: O que você tá sentindo?

BRUNA: Acho que é pressão.

JULIA: Eu posso te ajudar. Abre aqui pra mim.

BRUNA: Julia, eu preciso te pedir uma coisa.

JULIA: Claro.

BRUNA: Pega essa maionese e vai embora daqui.

JULIA: Que isso, amiga? Tô ficando chateada. Eu vim aqui pra ficar com você.

BRUNA: Vai ser melhor.

JULIA: Sério?

BRUNA: Eu tô querendo te proteger.

JULIA:	Me proteger? Como assim? Agora que eu não vou embora mesmo. [*JULIA repara no machucado na testa de BRUNA*] Você tá machucada? Alguém te bateu?
BRUNA:	Não. Não foi nada.
JULIA:	Amiga, confia em mim. Foi o Marcelo? Cadê ele? Deixa eu falar com ele!
BRUNA:	Não, você não entendeu nada.
JULIA:	[*grita*] Marcelo! Aparece aqui, covarde! Me deixa entrar! Eu vou chamar a polícia.
BRUNA:	Não!

BRUNA abre a porta rapidamente para JULIA. JULIA invade a casa, pega uma reta e vai com tudo em direção à garagem. ZÉ e BRUNA seguem atrás.

BRUNA:	Amiga, calma!
ZÉ:	Espera, Julia!
BRUNA:	Eu tô tentando te proteger.
JULIA:	E eu lá tenho medo de homem? Marcelo!
BRUNA:	Vai embora!

JULIA escancara de vez a porta da garagem.

JULIA:	O que você fez com a minha amiga?

JULIA vê de súbito o corpo no chão. Sua fala é interrompida pela miragem do homem morto. Sente um nó no estômago, suas palavras somem como se tivesse levado um soco na barriga. Ela olha para ZÉ e MARCELO.

JULIA: Que porra é essa?

Ninguém responde.

JULIA: Eu tô perguntando o que é isso aqui no chão, gente!

MARCELO: Calma.

JULIA: Calma o quê, caralho!?

MARCELO: Julia, para de gritar.

JULIA: Eu quero saber o que é isso aqui no chão!

MARCELO: Calma, foi um acidente.

JULIA: Um acidente? Que acidente, caralho? Tem um corpo aqui! Ele está morto?

ZÉ: A gente não matou ninguém.

MARCELO: Me deixa falar!

JULIA: Eu vou embora! Eu vou chamar a polícia.

BRUNA: Fecha a porta!

ZÉ: Não deixa ela sair, Marcelo!

Eles trancam JULIA na garagem.

BRUNA: Ai, minha barriga. A bebê tá mexendo muito.

MARCELO: O que houve?

JULIA: O que está acontecendo aqui?

ZÉ: Por favor, se acalma! Escuta o que eles têm pra dizer.

BRUNA: Eu fui ameaçada de morte.

JULIA: Oi?

BRUNA: Esse homem tava me perseguindo na Vista Chinesa. Foi um acidente. Legítima defesa.

JULIA: Na Vista Chinesa? O que você tava fazendo na Vista Chinesa?

ZÉ: Ela foi buscar o bolo no Alto da Boa Vista. Pro chá de bebê.

JULIA: E como esse homem veio parar aqui? Ele te seguiu até aqui?

ZÉ: Você precisa entender que a gente não está falando de qualquer pessoa, e sim de uma mulher grávida.

JULIA: Gravidez é saúde, Zé. Olha o absurdo que vocês estão me dizendo: você estava – grávida – sendo perseguida na Floresta da Tijuca quando/

BRUNA: Você está duvidando da vítima. É isso?

MARCELO: A situação é a seguinte/

JULIA: Vai, me explica, Marcelo. Eu quero entender.

MARCELO: A Bruna, no desespero, trouxe esse corpo pra casa. Aparentemente foi uma tentativa de assalto, você sabe o estado de calamidade que o Rio está enfrentando. Tá um caos. Você sabe disso. Esse homem interceptou o carro dela na tenta-

	tiva de roubar. Nesse movimento, ele acabou se ferindo. Ela colocou ele no carro para levar para um hospital quando ele veio a óbito. Estamos aqui pensando em como resolver essa situação.
ZÉ:	A gente vai ligar pra polícia, mas antes a gente precisa entender melhor tudo isso.
JULIA:	Deixa eu falar com vocês. Pelo amor de Deus. Não existe vocês estarem com um corpo na garagem de sua casa. Vocês estão pirados! Liga pra polícia agora.
MARCELO:	A gente vai ligar.
JULIA:	Então, liga que eu quero ver.
BRUNA:	Você já acabou seu show? Dá pra ter um pouco de empatia aqui?
JULIA:	Eu não tô te entendendo.
BRUNA:	Fala baixo.
JULIA:	Não falo, não. Se você estava se defendendo, por que trouxe o corpo do seu agressor para dentro da sua casa? Isso é inconcebível. Eu não acredito que eu tô diante de um corpo estirado no chão.
BRUNA:	Você que quis entrar. A gente tentou te proteger.
JULIA:	Você tá comendo merda?
BRUNA:	Olha, eu tô muito magoada com a maneira que você está falando comigo. Sororidade zero. Nem parece que você trabalha com CNV.* Acorda, Julia! Tem o futuro de uma criança em jogo.

---

* Comunicação não violenta.

JULIA: E você tá só preocupada com você e essa criança? O mundo não existe. É você e o seu umbigo. Marcelo, me admira você. Com todo seu discurso humanitário, estar na dúvida de como agir num momento desse. Tá certo. Moleque! Vocês são um bando de moleques.

BRUNA: Você é fria. Sorte a sua que a vida nunca te colocou numa situação que você não gostaria de estar.

JULIA: Essa é uma delas.

Subitamente, puxando o ar, SEBASTIÃO começa um lento despertar. Os quatro paralisam e observam o movimento.

ZÉ: Puta quiu pariu!

BRUNA: Obrigada, senhor! Obrigada! Obrigada!

Eles comemoram.

BRUNA: Dr. Sebastião?

JULIA não entende.

ZÉ: Ele é médico, a gente viu nos documentos dele.

SEBASTIÃO desperta de um sono profundo, com muita dor, põe a mão na cabeça. É um despertar confuso e dolorido. A luz incomoda seus olhos.

SEBASTIÃO: Ah.

MARCELO: O senhor quer ajuda?

JULIA: Acho que é o mínimo, né?

SEBASTIÃO: [*fala enrolado, como quem acorda de uma anestesia*] A minha língua.

BRUNA: Oi?

SEBASTIÃO: A minha cabeça. Acho que eu bati a minha língua na boca.

BRUNA: Água, Zé. Pega água pra ele!

ZÉ sai correndo para buscar água.

SEBASTIÃO: Eu vi o homem. Atrás de você. A minha bombinha.

BRUNA: Acho que ele não está lúcido.

JULIA: Onde dói?

O homem aponta para o braço. Tem uma mancha de sangue no ombro esquerdo.

JULIA: Me ajuda a sentar ele.

SEBASTIÃO sente dor.

MARCELO: Cuidado com o braço. É aqui que dói?

ZÉ retorna com um copo d´água.

JULIA: Bebe um pouco.

ZÉ: Quer mais?

SEBASTIÃO: Eu estou com dor.

SEBASTIÃO tenta se mover.

MARCELO: Fica calmo. O senhor sofreu um acidente.

SEBASTIÃO: É?

MARCELO: A gente vai prestar toda a assistência necessária ao senhor.

BRUNA: Exatamente.

MARCELO: O senhor tem um plano?

SEBASTIÃO: Plano?

MARCELO: Plano de saúde.

SEBASTIÃO não responde.

MARCELO: Plano de saúde. Plano de saúde.

SEBASTIÃO: Sim.

MARCELO: Ótimo. Eu não achei nos seus documentos. De qualquer maneira, tudo o que o senhor precisar, pode contar com a gente. Pra onde a gente leva ele?

SEBASTIÃO: Eu moro na Tijuca.

MARCELO: Na Tijuca? Que hospital tem na Tijuca?

JULIA: Tem um que a minha avó ficou. Vou lembrar o nome.

MARCELO: Bem, vamos indo e a gente descobre no caminho. Vamos, então?

JULIA: Quer que eu vá junto?

MARCELO: Não precisa. Sebastião, a gente está aqui pelo senhor. Vamos levantar?

SEBASTIÃO olha em volta e estranha o lugar.

SEBASTIÃO: Onde eu estou?

BRUNA: [*agitada*] Eu vou liberar o carro. Tirar as plantas. Me ajuda, Zé. Cadê minha chave? Você pegou a minha chave?

ZÉ: Eu, não.

MARCELO: Na minha garagem.

SEBASTIÃO: Na garagem?

MARCELO: Exato.

SEBASTIÃO: Como foi meu acidente?

BRUNA: O senhor não lembra?

SEBASTIÃO: Não.

BRUNA: Quando eu passei pela Vista Chinesa você já estava no chão.

JULIA: Quê?

BRUNA: Não sei exatamente o que aconteceu, mas não prestaram socorro. Só sei que eu não podia te deixar ali. Então, te coloquei no meu carro pra te levar numa emergência.

SEBASTIÃO: Meu Deus... E por que eu estou aqui?

BRUNA: Porque eu precisava de ajuda. Como o senhor pode ver, eu estou grávida/

JULIA: Eu não estou acreditando nisso.

MARCELO: Calma, Julia.

JULIA: Até onde a gente vai adiante com essa situação? Fala a verdade!

SEBASTIÃO: O que está acontecendo? Quem são vocês?

ZÉ: Caramba, você está junto ou não?

JULIA: Que isso, Zé?

ZÉ: Você quer foder com a gente?

MARCELO: Não discute, gente. Segura a onda!

SEBASTIÃO: Por que vocês estão fazendo isso comigo?

MARCELO: Sebastião/

ZÉ: Você deixou ele nervoso.

JULIA: Eu?

MARCELO: A gente não está fazendo na/

SEBASTIÃO: Eu quero ir embora.

MARCELO: Nós já vamos levar o senhor, é só/

JULIA: Sebastião, meu nome é Julia/

MARCELO: Deixa isso comigo, por favor.

SEBASTIÃO se sente ameaçado com a confusão.

SEBASTIÃO: As pessoas vão me procurar.

MARCELO: Olha, eu sei que você está assustado. A gente quer te ajudar.

JULIA: Eu não aguento mais te ouvir repetindo isso!

SEBASTIÃO: A gente pode chegar num acordo.

MARCELO: É exatamente isso que eu quero.

JULIA: Chega! Vem comigo, Sebastião/

JULIA segura o braço de SEBASTIÃO, que agressivamente se solta.

SEBASTIÃO: Me solta, sua gorda!

JULIA: Quê?

SEBASTIÃO: [*a expulsa violentamente*] Sai! Você sabe quem eu sou?

JULIA: Eu quero te ajudar.

SEBASTIÃO: Se você soubesse, baixaria a cabeça pra falar comigo.

JULIA: Peraí. Que isso? Quem você pensa que é? Você não pode me agredir.

MARCELO: Você deixou ele nervoso.

JULIA: A culpa é minha?

MARCELO: Eu preciso que o senhor se acalme/

SEBASTIÃO: [*para MARCELO*] Me tira daqui agora.

JULIA: É o que eu estou tentando fazer.

SEBASTIÃO: Eu estou falando com ele.

MARCELO: Eu não dirijo.

SEBASTIÃO: Que tipo de homem você é, caralho?

BRUNA: Não fala assim com ele.

SEBASTIÃO: Eu não estou falando contigo.

BRUNA: Fala direito comigo. Me respeita.

SEBASTIÃO: Quem são vocês?

Eles não respondem. Numa tentativa de fuga, SEBASTIÃO dispara em direção à porta. ZÉ o intercepta com o corpo tentando contê-lo.

ZÉ: Caralho! Meu braço! Ele mordeu meu braço!

Confusão. ZÉ sente dor. MARCELO segura e imobiliza SEBASTIÃO no chão.

MARCELO: Por favor, vamos conversar. O senhor vai acabar se machucando mais.

SEBASTIÃO: Me solta!

MARCELO: Uma corda! Pega uma corda!

SEBASTIÃO está incontrolável e se contorce no chão. ZÉ pega umas luzes de Natal e amarra os braços de SEBASTIÃO. O ambiente silencia. Eles começam a perceber que estão afundando mais.

SEBASTIÃO: [*sem forças, jogado ao chão*] Me deixa pegar um táxi. Eu tenho asma. Por favor, eu preciso ir a um hospital. Diz logo o que vocês querem de mim. Para quem vocês trabalham?

MARCELO: Como?

SEBASTIÃO: Quem mandou me sequestrar?

MARCELO: Isso não é um sequestro.

SEBASTIÃO: Então por que eu sou refém?

MARCELO: Você não é nosso refém.

SEBASTIÃO: Então por que eu estou amarrado?

BRUNA: Eu atropelei você. Eu não sei o que aconteceu. O senhor entrou na frente do meu carro. Quando eu vi, já tinha acontecido. Me desculpa.

Silêncio.

SEBASTIÃO: Não.

BRUNA: Não?

SEBASTIÃO: Não!

BRUNA: Como não? Foi sem querer.

SEBASTIÃO: Foda-se.

BRUNA: Você vai deixar ele falar assim comigo?

MARCELO: Que isso, seu Sebastião? Isso é jeito de falar?

SEBASTIÃO: Me tira daqui.

JULIA: Marcelo/

MARCELO: Calma. Eu vou levar o senhor/

SEBASTIÃO: Com ela no volante? Você não devia nem deixar essa mulher dirigir grávida assim.

MARCELO: [*para BRUNA*] Tá vendo?

BRUNA: Tá vendo o quê, Marcelo?

SEBASTIÃO: [*em desespero*] Me solta! Me solta agora!

JULIA: Solta ele. Chega disso. Eu vou chamar um táxi.

JULIA pega o celular.

ZÉ: Julia, essa não é uma decisão que você toma sozinha.

MARCELO: Deixa ela, Zé. [*para SEBASTIÃO*] Tá vendo? Você vai embora. Agora, vamos conversar como pessoas decentes?

JULIA: [*mostra o aplicativo no celular*] Você tem cinco minutos.

SEBASTIÃO: Vocês não são decentes. Olha o meu estado!

BRUNA: Eu já pedi desculpas. O que mais o senhor quer que eu faça? Você devia agradecer a Deus por estar vivo! Eu não sou um monstro!

JULIA: Não é um monstro mas trouxe um corpo pra casa.

MARCELO: Você não está ajudando.

JULIA: Desamarra ele.

MARCELO: Calma. Chega de pressão. [*para SEBASTIÃO*] Agora que você já entendeu que não é nosso refém, vamos conversar antes de você partir? Eu tenho certeza que a gente pode chegar a uma solução que seja boa tanto pra gente quanto pra você.

SEBASTIÃO: Esse filho é teu?

MARCELO: É, sim.

SEBASTIÃO: Você tem ideia do que é ser pai de família? Você teve pai em casa para te dar exemplo? Pelo amor de Deus, rapaz. Um homem de verdade nunca colocaria a mulher dele numa situação dessas.

MARCELO: Eu não coloquei ninguém em situação nenhuma.

SEBASTIÃO: Frouxo! Assume a responsabilidade! Honra os bagos que você tem no meio das pernas! Você errou. Não protegeu a sua família.

JULIA: Três minutos. Solta ele.

SEBASTIÃO: No que depender de mim, essa criança não chega a te conhecer.

MARCELO: A gente pode fechar um acordo entre nós. É dinheiro? Me diz quanto?

SEBASTIÃO: Você quer me comprar?

MARCELO: Eu não disse isso. Mas a gente pode prestar toda a assistência e dar toda a estrutura que você precisar.

SEBASTIÃO: Você acha que o seu dinheiro te dá imunidade na justiça?

MARCELO: O senhor entendeu errado.

JULIA: Chegou o carro. Dá licença.

JULIA tira MARCELO do caminho e começa a desamarrar SEBASTIÃO.

SEBASTIÃO: Muito bem. Você é esperta. Geralmente a mulher é mais emocional.

JULIA: Eu não preciso te provar nada.

SEBASTIÃO: Falta exemplo pra essa geração de vocês. Tudo tem o seu espaço, mas não/

JULIA: O senhor pode ficar quieto, por favor/

SEBASTIÃO: Aí, esse excesso de liberdade dá nisso. Se não for do seu jeito, vale tudo. Até virar terrorista/

JULIA: Ninguém é terrorista aqui.

SEBASTIÃO: Manter um oficial em cativeiro é crime político. Vai estudar, menina.

JULIA para de desamarrar.

JULIA: Você me falou que ele era médico.

ZÉ: Você é oficial de quê?

SEBASTIÃO: Sou coronel.

BRUNA: [*em pânico*] Não solta ele!!

JULIA: Tá maluca?

MARCELO: Não solta agora. Isso muda tudo.

JULIA: Não muda nada.

MARCELO: Claro que muda. Esse cara vai vir com tudo pra cima da gente quando sair daqui.

SEBASTIÃO: Cala a boca! Me solta, vai.

JULIA: É a nossa palavra contra a dele.

SEBASTIÃO: Eu vou acabar com a vida de vocês.

ZÉ: Ouve o que ele tá falando! Pensa no momento que a gente vive. Pensa na paranoia que a gente já tem no dia a dia com essa intervenção militar. Pensa na quantidade de pessoas que estão sendo executadas e fica por isso mesmo. Isso pode acontecer com a gente!

JULIA: Eu só quero fazer o certo.

ZÉ: E o que é o certo? É desmedido. Ele pode falar o que ele quiser. Por favor, Julia!

JULIA: O táxi foi embora.

SEBASTIÃO: Vocês vão passar o resto da vida na cadeia.

SEBASTIÃO tenta escapar pela porta e ZÉ novamente o segura.

MARCELO: Foi um acidente, seu Sebastião. Por que o ódio? Cadê a sua humanidade?

BRUNA abre a porta da garagem.

MARCELO: [*para BRUNA*] Aonde você vai?

BRUNA: Ao banheiro. Essa história me deixou nervosa.

BRUNA sai.

SEBASTIÃO: Eu não estou acreditando. Você acha que é a vítima aqui? Eu quero justiça.

MARCELO: Esse ódio todo é justiça? Você realmente quer colocar uma mulher grávida na cadeia? Quer acabar com o futuro de uma criança que não nasceu/

SEBASTIÃO: A lei não se aplica às grávidas?

MARCELO: Por que o deboche?

SEBASTIÃO: Você tem ensino superior completo?

MARCELO não responde.

SEBASTIÃO: Você já visitou uma penitenciária? Cela com 12 camas e 35 presos. Dormem dois por cama e o resto no chão. Água quente? Esquece. A comida é feijão com caruncho. Você tem família?

MARCELO não responde.

SEBASTIÃO: Legal. Mamãe vai ter que agachar três vezes nua, com um espelho embaixo pra ver se cai alguma coisa da boceta. Essa casa é herança? De qual dos dois? Bem, só o fato de vocês não conhecerem a Tijuca já denota que vocês são o tipo de gente que não sai da Zona Sul. Onde estamos? Em Santa Teresa, Cosme Velho, Humaitá?

JULIA: Sebastião/

SEBASTIÃO: Você perdeu a sua chance. Eu não negocio com mulher. Se não fosse por conta de uma, eu não estaria aqui.

JULIA: Sim. A sua mãe. A gente nunca quis/

SEBASTIÃO: Você não entendeu? Cala a boca. Suja.

SEBASTIÃO derruba ZÉ no chão. BRUNA volta do banheiro.

BRUNA: Que isso!

MARCELO imobiliza SEBASTIÃO. Gritaria.

JULIA: Solta ele!

MARCELO: Amarra as pernas dele, Zé. Rápido!

BRUNA: Para!

JULIA acolhe BRUNA. MARCELO urra de raiva.

MARCELO: Preciso deitar um pouco.

MARCELO se deita.

BRUNA: E aí?

JULIA: Eu não sei.

ATO 1.7 – O TEMPO É ALGO RELATIVO MESMO

SEBASTIÃO começa a pescar de sono.

ZÉ: Não dorme, seu Sebastião. Se o senhor dormir, pode não acordar mais.

ZÉ puxa uma cadeira e senta na frente de SEBASTIÃO.

ZÉ: Tá muito calado. Você deve estar pensando a mesma coisa que eu. Por que a gente ainda está aqui?

SEBASTIÃO: Já decidiram o que vão fazer comigo? A uma hora dessas já deve ter gente atrás de mim. O tempo tá passando.

ZÉ: Quem passa é a gente.

SEBASTIÃO: Isso é droga?

ZÉ: Depende do ponto de vista. É medicina. Alivia a dor. Ia te fazer bem dar um dois. Quer?

SEBASTIÃO: Bicha maconheira.

ZÉ: Você me lembra meu pai.

SEBASTIÃO: Que tristeza.

ZÉ: Ele era um cara tão doce quanto você. O que você costuma ouvir? Que tipo de música? Você gosta de rock?

SEBASTIÃO: É sério isso?

ZÉ: Eu aprendi a gostar de rock com meu pai. Meu pai era fã do David Bowie. Achava o Bowie foda, mas não me aceitava. Olha que louco. Ele não entendeu nada. A gente ficou 18 anos sem se falar. A última vez que a gente se viu, num aniversário de família, ele se negou a tirar uma foto comigo. Ele não entendeu nada. Todo mundo vai se foder no final. E a gente fica nessa de regular amor. Te incomoda se eu fumar um?

SEBASTIÃO: Desde que você se mantenha longe de mim, faz o que você quiser.

ZÉ: Acho que no fundo todo mundo quer alguém pra odiar. Eu amo o que você odeia.

SEBASTIÃO: Rapaz, eu não sou seu terapeuta.

ZÉ ri. E os dois se encontram.

SEBASTIÃO: Me deixa ir.

ZÉ: Eu não posso.

O telefone de SEBASTIÃO toca. Todos ficam atentos. ZÉ procura o celular de SEBASTIÃO e o segura.

SEBASTIÃO: Quem é?

ZÉ não responde.

SEBASTIÃO: Atende, por favor. Eu só quero que ela fique tranquila. Ela não mora aqui. Eu dou a minha palavra que não vou falar nada.

MARCELO: Não atende, Zé.

SEBASTIÃO: Por favor. Eu também sou pai.

ZÉ: Você tem menos de um minuto.

ZÉ atende e coloca no ouvido dele.

SEBASTIÃO: Oi, Bebel, como você tá? O pai tá trabalhando. Tá se comportando? Sei. Obedece a sua avó. Eu também estou com saudades. Que bom, filha. Come tudo, então. Te amo/

ZÉ desliga antes de ele terminar de falar.

SEBASTIÃO: [*chama silenciosamente ZÉ*] Vem aqui. [*ZÉ se aproxima*] Vamos fazer um acordo. Liga para a polícia. Você não me atropelou. Prometo que nada vai acontecer com você.

ZÉ: Chega.

SEBASTIÃO: Por favor.

ZÉ: A gente tem que escolher bem os nossos inimigos porque como eles lutam é o que a gente se torna.

SEBASTIÃO: Quê?

ZÉ: Como é estar do outro lado?

SEBASTIÃO: Ahn?

ZÉ: Eu me sinto oprimido todos os dias por gente como você. É isso que vocês fizeram durante anos na ditadura militar e é isso que vocês fazem hoje em dia nas favelas do Rio de Janeiro.

SEBASTIÃO: Rapaz, você não tem conhecimento para entender o que está se passando no país, muito menos o que se passou em 64/

ZÉ: Você torturou pessoas! Você não tem vergonha?

SEBASTIÃO: Olha o que você está falando, garoto. Deixa de ser burro! Eu nunca torturei ninguém. Quantos anos você acha que eu tenho? Setenta? Oitenta?

ZÉ: Você trabalha numa instituição federal que tem um orçamento reservado para fazer um genocídio. Por que alguém escolhe entrar para o Exército? Qual a função do Exército num país como o nosso?

SEBASTIÃO: A função está escrita no artigo 142 da Constituição. Mas você não deve saber também pra que serve a Constituição.

ZÉ: Foda-se! Constituição que não vale de nada na mão de homens como você. Golpista!

SEBASTIÃO: Você não me conhece! Mais respeito! Eu estive em missão humanitária no Haiti/

Os dois começam um ataque violento.

ZÉ: Fascista!

SEBASTIÃO: Viado!

ZÉ: Opressor! Assassino!

SEBASTIÃO: Bicha! Boiola!

JULIA vem correndo dispersar a briga.

JULIA: Para, Zé. Sai!

ZÉ e SEBASTIÃO continuam se atacando.

ZÉ: A gente reconhece no outro aquilo que está na gente!

JULIA: Sai! Parou!

ZÉ acende o baseado e assopra na cara de SEBASTIÃO.

BRUNA: Pra ver se você abre a sua cabeça.

SEBASTIÃO começa a tossir fortemente e apaga.

ZÉ: Dormiu?

BRUNA: O que está acontecendo com ele?

MARCELO: Chapou?

Abre-se um espaço-tempo.

    Carta da atriz Catharina Caiado à filha.

    SONHO LÚCIDO
    BRUNA/CATHARINA CAIADO
    Eu chamo a força! Rasga o teu peito, homem. Livra-te do ódio, sou a força da terra, no meu ventre

tem uma vida. Aqui tem amor, beleza e divindade. Rasga o peito, pobre homem, sem capacidade de amar. Eu sou a força! Iansã, *kali*, cigana, *shiva*, *lakshmi*, cabocla Eva! Deixa ir, homem. Pobre mortal apegado a matéria e dinheiro. Abra seus olhos, minha filha não verá seu desafeto edificado. Todos nascemos nesta terra e todos pertencemos a ela. Aqui e agora são partes do corpo. Gostaria de te levar para dançar, olha como meu ventre mexe as ondas do mar, sou concha, baleia cantando nas piscinas de coral, e você, duro, sem pé de valsa. A casa é o corpo. Gestar é das coisas mais lindas e loucas que existem e cobra muito... eu serpente serpenteando essa energia criadora. Gestando um mundo dentro do corpo, ouço os sintomas como as deusas ouviam a criação do Universo! São os ventos que batem na pedra e mudam a forma dela! Guerreiras, cometas e indígenas, somos todas filhas. Uma mulher na beira da montanha elevada me chama pra casa. Eu confundo queda com voo. Eu não sei os meus textos. Eu chamo a força. Há no meu ventre um outro pequeno vento, gestação que perpetua outra geração, nessa corrente infinita e feminina prolongando a vida na Terra. No passado, a mulher carregava o mistério e a criação da vida em seu corpo, e através do seu ciclo garantia o futuro do seu povo. Pelo dia em que o sangue derramado na terra será só do nosso ventre. Minha luta é no sagrado. Que meu corpo sirva de atravessamento em luta. O maior presente de uma mãe para uma filha é curar-se enquanto mulher. Eu guardo vazios suficientes para que deles saltem cavalos. Eu sei que você não é pouca coisa, filha. Você é vendaval. Pra onde você voar, eu vou. Minha casa é o meu corpo.

SEBASTIÃO retorna do transe, com muita tosse.

SEBASTIÃO: Meu remédio. No meu bolso.

ZÉ mexe no corpo amarrado de SEBASTIÃO e coloca a bombinha na boca dele. SEBASTIÃO se acalma aos poucos.

BRUNA: Melhorou? Sabe, eu preciso te dizer que essa história inteira tem sido uma loucura. E agora que as coisas estão mais calmas, que você está vivo e eu não sou uma assassina, eu sinto que já consigo ver um lado positivo nela. Você me conhecendo melhor vai ver que eu sou uma boa pessoa. Que nós somos. E vai ver a gente descobre que tem muito mais em comum do que a gente pensa. Isso tudo tem sido muito difícil pra gente. Principalmente para o Marcelo, que tem esse tamanho todo, mas no fundo é um cara muito sensível. Olha só pra ele.

MARCELO está dentro do carro parado, no banco do carona.

BRUNA: Tá vendo? Tá difícil pra ele. Culpa minha. Fazer o quê? Eu atropelei você. Eu sinto muito. Mas também você se jogou em cima do meu carro. Nem olhou. Eu tomei um susto! O que você estava fazendo na Vista Chinesa? Eles só tentaram me ajudar. Aí você acordou e começou a nos ameaçar. O que você esperava que a gente fizesse? A gente espera que as coisas se acalmem, que a gente se entenda e tudo volte a ser como era antes. Quando a situação não pode ser transformada, a gente se transforma. A gente está envolvida numa situação que a gente não escolheu, mas estamos implicados.

SEBASTIÃO se mantém em silêncio.

BRUNA: Pela Isabel. Cadê a sua compaixão? Observa: aqui. A origem da vida. Tem uma vida sendo gerada aqui, diante dos seus olhos. O que está acontecendo? Em que momento perdemos a sensibilidade de sentir a vida? Eu repito: esse fenômeno está acontecendo diante dos seus olhos. Olha. Me perdoa! Por ela. [*aponta para a barriga*] Ela não vai conseguir enfrentar esse mundo sem mim.

SEBASTIÃO: Crianças nascem o tempo inteiro. A sua filha é só mais uma criança num mundo superlotado. Mais uma criança largada pelo mundo por pais que fazem merda por aí e deixam pros outros cuidarem. Ela vai ficar melhor sem vocês. Digo isso por experiência própria.

BRUNA avança até SEBASTIÃO e mete o dedo dentro da ferida aberta em seu peito.

JULIA: Chega! Não é possível que a gente ainda esteja nessa situação. Vamos evoluir!

SEBASTIÃO: O que você vê aqui? Olha à sua volta. Olha o seu lugar. Olha o meu estado. Evoluída você, não? Eu nunca torturei ninguém. Eu achei que direitos humanos fossem uma coisa da sua galera. Mas é só no discurso, não na prática. Vocês são um bando de mimados. Filhos de papai. *Hippies* de sofá. Que acreditaram nessa promessa de que tudo pode, da paz total, igualdade total, da felicidade. Esse papo é velho. Você acha que essa é a revolução, mas isso é muito velho. É uma ilusão fascinante da idade. E ainda por cima com um discurso filosófico articulado e acadêmico. Vocês me chamam de fascista, mas esse papel é de vocês.

JULIA: Desde o momento em que acordou, você não parou de nos atacar. Eu tenho horror ao que você dá voz e a gente não te calou.

SEBASTIÃO: Como vocês são pessoas boas! Fascismo não é só impedir que o outro fale, é também fazer com que ele diga o que você quer ouvir. Vocês não vão me soltar enquanto eu não aceitar o que vocês querem. Que diálogo é esse? Vocês estão aqui me atacando, cerceando o meu direito de ir e vir. Vocês acham que eu sou o inimigo? Eu sou só um homem. Presta atenção, vocês estão errados. A questão não está no homem. Está na humanidade.

JULIA: Isso não é mais sobre um atropelamento. Não é? Qual é o seu combate então, coronel?

SEBASTIÃO: Eu quero justiça.

JULIA: Não, não é mais sobre justiça.

SEBASTIÃO: É, sim.

JULIA: Não, não é. Que distância é essa que existe entre nós? Que mistério é esse que nos cruza? Por que a minha existência te ameaça? Como pode? Tanto tempo nesse mundo e ainda ser assim? Para você, isso aqui é uma disputa que você quer vencer. Quer saber de uma coisa? Isso não vai acontecer. Porque a gente já se fodeu. Você acha que vai fincar a sua bandeira no alto da montanha e vai ter vencido. Mas eu te pergunto: O que acontece depois que você se vingar? Depois que isso acabar, não vai te restar mais nada. A gente já morreu. A montanha é sua, parabéns. Tá lá a sua bandeira. Mas o que você faz com a sua montanha? Hein? Você desce. Montanha abaixo, e desce como avalanche. Destruído no caminho, aumentando de tamanho para suprir o vazio que essa vontade de se vingar deixou. O poder. Essa sensação agridoce de ter chegado lá, e isso não significar mais nada. De não se lembrar direito o porquê disso tudo mesmo.

SEBASTIÃO: A gente tem uma lei e vocês querem agir fora dela.

O celular de SEBASTIÃO toca novamente.

SEBASTIÃO: Atende.

ZÉ desliga o celular. SEBASTIÃO começa com um forte ataque de asma.

SEBASTIÃO: A minha bombinha.

BRUNA começa a sentir as dores da contração.

JULIA: Cadê o remédio dele?

BRUNA: [*se contorce em dor*] Alguém dá a bombinha dele.

ZÉ: Não está comigo.

JULIA: Me dá o remédio.

ZÉ: Não está comigo.

JULIA: Zé, chega.

ZÉ: Exatamente. Chega.

A situação de SEBASTIÃO e BRUNA se agrava.

JULIA: Caralho! Para de esconder o remédio! Isso é desumano! Vamos deixar ele ir.

ZÉ: Vamos deixar ele ir.

JULIA: Você tá chapado, Zé? Ele é um homem comum. Podia ser seu pai! Bruna?

BRUNA: A bombinha dele!

JULIA: Zé, você não é assassino.

BRUNA: Eu não vou pedir de novo!! Alguém dá a bombinha dele agora!

SEBASTIÃO vai ficando em um estado crítico. ZÉ vai até BRUNA e entrega o remédio. BRUNA coloca a bombinha na boca dele. Todos observam. SEBASTIÃO retoma a consciência.

BRUNA: Ele está respirando. Respira. Respira.

BRUNA solta o refém e se deita em posição fetal. SEBASTIÃO se levanta e abre a porta da garagem, completamente. Cla-

reou o dia. A luz invade a garagem. SEBASTIÃO, ao seu tempo, caminha para a rua. Todos observam seu movimento, até ele sumir.

ATO 2 – AOS PRÓXIMOS

Carta do ator Saulo Arcoverde à filha.
MARCELO/SAULO ARCOVERDE

Filha (palavra ainda tão difícil de dizer), primeiramente, seja bem-vinda! As coisas não vão muito bem por aqui. É normal escutar que, nesses tempos, é insano colocar uma nova vida neste mundo. Eu mesmo já escutei de pessoas que passaram por essa experiência recentemente. Confesso, o medo de colocá-la nessa realidade dura me apavora, afinal, nem eu sei se conseguirei me proteger de tempos tão sombrios, quanto mais protegê-la nesses primeiros momentos que ainda estará tão indefesa. A paternidade para mim é tema quase novo, afinal, não tive a figura paterna presente em quase toda a maioria de minha história. Fui filho único de mãe solteira, o que moldou muito o homem que sou. Ainda na infância, seguindo instintos primitivos, tive minhas primeiras relações, ou tentativas sexuais, com meninos. Foi bom não ter essa figura masculina tentando enquadrar minha masculinidade. Creio que me senti confortável com meu masculino até a chegada da minha adolescência, quando retorno para o Rio de Janeiro. Cheguei aqui com os cabelos grandes, algo que não era muito normal no período em que retornei. Terra dos cabelos raspados, de homens musculosos, em que a virilidade sempre era muito cobrada. Rapidamente, me vi tentando dar conta disso tudo, também tentei ser um homem como a maioria aqui tentava ser. Por sorte, tive no teatro a salvação disso tudo. Exemplos não me faltavam de que eu não precisava dar conta de nada, e sim, me ver liberto para existir sem me cobrar, aberto sempre para o novo. Agradeço às gerações mais jovens do que a minha que me escancaram isso diariamente. Estou aqui cercado de pessoas abertas a você – não sei se são as melhores opções, mas lhe serão uma linda alternativa. Me é. Filha (palavra tão bonita de dizer), seja bem-vinda!

FIM

Agradecimentos

Ana Clara Bourdagohe, Felipe Ovelha, Flora Diegues, Helena Lahtermaher, João Paulo Quintella, Juliana Lohmann, Laura de Araujo, Lucas Cunha, Maria Helena Gomes Pimentel, Pedro Thomé, Ravel Andrade e a todos que colaboraram na Benfeitoria e fizeram este livro possível.

© Editora de Livros Cobogó, 2018

Editora-chefe
Isabel Diegues

Editora
Fernanda Paraguassu

Gerente de produção
Melina Bial

Revisão final
Eduardo Carneiro

Projeto gráfico e diagramação
Mari Taboada

Capa
Vanessa Tiomno

CIP-BRASIL. CATALOGAÇÃO-NA-FONTE
SINDICATO NACIONAL DOS EDITORES DE LIVROS, RJ

       Haiut, Felipe, 1987-
H177g   A garagem / Felipe Haiut.- 1. ed.- Rio de Janeiro : Cobogó, 2018.
                88 p. ; 19 cm. (Dramaturgia)

    ISBN 978-85-5591-065-4

    1. Teatro brasileiro. I. Título. II. Série.

18-52674   CDD: 869.2
                                                          CDU: 82-2(81)

Meri Gleice Rodrigues de Souza- Bibliotecária CRB-7/6439

Nesta edição, foi respeitado o Acordo Ortográfico da Língua Portuguesa de 1990, que entrou em vigor no Brasil em 2009.

Todos os direitos em língua portuguesa reservados à
Editora de Livros Cobogó Ltda.
Rua Jardim Botânico, 635/406
Rio de Janeiro — RJ — 22470-050
www.cobogo.com.br

Outros títulos desta coleção:

COLEÇÃO DRAMATURGIA

ALGUÉM ACABA DE MORRER LÁ FORA, de Jô Bilac

NINGUÉM FALOU QUE SERIA FÁCIL, de Felipe Rocha

TRABALHOS DE AMORES QUASE PERDIDOS, de Pedro Brício

NEM UM DIA SE PASSA SEM NOTÍCIAS SUAS, de Daniela Pereira de Carvalho

OS ESTONIANOS, de Julia Spadaccini

PONTO DE FUGA, de Rodrigo Nogueira

POR ELISE, de Grace Passô

MARCHA PARA ZENTURO, de Grace Passô

AMORES SURDOS, de Grace Passô

CONGRESSO INTERNACIONAL DO MEDO, de Grace Passô

IN ON IT | A PRIMEIRA VISTA, de Daniel MacIvor

INCÊNDIOS, de Wajdi Mouawad

CINE MONSTRO, de Daniel MacIvor

CONSELHO DE CLASSE, de Jô Bilac

CARA DE CAVALO, de Pedro Kosovski

GARRAS CURVAS E UM CANTO SEDUTOR, de Daniele Avila Small

OS MAMUTES, de Jô Bilac

INFÂNCIA, TIROS E PLUMAS, de Jô Bilac

NEM MESMO TODO O OCEANO, adaptação de Inez Viana do romance de Alcione Araújo

NÔMADES, de Marcio Abreu e Patrick Pessoa

CARANGUEJO OVERDRIVE, de Pedro Kosovski

BR-TRANS, de Silvero Pereira

KRUM, de Hanoch Levin

MARÉ/PROJETO bRASIL, de Marcio Abreu

AS PALAVRAS E AS COISAS, de Pedro Brício

MATA TEU PAI, de Grace Passô

ÃRRÃ, de Vinicius Calderoni

JANIS, de Diogo Liberano

NÃO NEM NADA, de Vinicius Calderoni

CHORUME, de Vinicius Calderoni

GUANABARA CANIBAL, de Pedro Kosovski

TOM NA FAZENDA, de Michel Marc Bouchard

OS ARQUEÓLOGOS, de Vinicius Calderoni

ESCUTA!, de Francisco Ohana

ROSE, de Cecilia Ripoll

O ENIGMA DO BOM DIA, de Olga Almeida

A ÚLTIMA PEÇA, de Inez Viana

BURAQUINHOS OU O VENTO É INIMIGO DO PICUMÃ,
de Jhonny Salaberg

PASSARINHO, de Ana Kutner

INSETOS, de Jô Bilac

A TROPA, de Gustavo Pinheiro

COLEÇÃO DRAMATURGIA ESPANHOLA

A PAZ PERPÉTUA, de Juan Mayorga
Tradução Aderbal Freire-Filho

APRÈS MOI, LE DÉLUGE (DEPOIS DE MIM, O DILÚVIO),
de Lluïsa Cunillé
Tradução Marcio Meirelles

ATRA BÍLIS, de Laila Ripoll
Tradução Hugo Rodas

CACHORRO MORTO NA LAVANDERIA: OS FORTES, de Angélica Liddell
Tradução Beatriz Sayad

DENTRO DA TERRA, de José Manuel Mora
Tradução Roberto Alvim

MÜNCHAUSEN, de Lucía Vilanova
Tradução Pedro Brício

NN12, de Gracia Morales
Tradução Gilberto Gawronski

O PRINCÍPIO DE ARQUIMEDES, de Josep Maria Miró i Coromina
Tradução Luís Artur Nunes

OS CORPOS PERDIDOS, de José Manuel Mora
Tradução Cibele Forjaz

CLIFF (PRECIPÍCIO), de Alberto Conejero López
Tradução Fernando Yamamoto

2018

1ª impressão

Este livro foi composto em Univers.
Impresso pelo Grupo SmartPrinter
sobre papel Bold LD 70g/m².